NEW YORK POST

Guru Su Doku

NEW YORK POST

Guru
Su Doku

150 Fiendish Puzzles

Compiled by sudokusolver.com

HARPER

NEW YORK • LONDON • TORONTO • SYDNEY

HARPER

New York Post © 2009 by NYP Holdings dba New York Post

NEW YORK POST GURU SU DOKU © 2009 by HarperCollins Publishers.
All rights reserved. Printed in the United States of America. No part of
this book may be used or reproduced in any manner whatsoever without
written permission except in the case of brief quotations embodied in
critical articles and reviews. For information, address HarperCollins
Publishers, 10 East 53rd Street, New York, NY 10022.

HarperCollins books may be purchased for educational, business, or
sales promotional use. For information please write: Special Markets
Department, HarperCollins Publishers, 10 East 53rd Street, New York,
NY 10022.

ISBN 978-0-06-193580-0

10 11 12 13   RRD   10 9 8 7

All puzzles supplied by Lydia Ade and Noah Hearle of sudokusolver.com

Book design by Susie Bell

Contents

Introduction

Su Doku is a highly addictive puzzle that can always be solved by using logic. It has a single rule: complete each Su Doku puzzle by entering the numbers 1 to 9 once in each row, column and 3x3 block.

Many Su Dokus can be solved by using just one solving technique. In the Su Doku in Fig. 1, two blocks in the right-hand column of blocks already contain the number 6. Look where you can place the 6 in the bottom right block (highlighted). In this block you can only place the 6 in the eighth column as the other squares are eliminated by the 6s in the other columns.

Fig. 1

5					3			6
	7				6	9	5	
	4		8					
7	2		5		9	6		
				2				
		5	3		8		2	1
					2		1	
	6	4	1				3	
1			7				6	9

You can apply the same technique to place a number in a row as well as a column.

For slightly harder Su Doku puzzles, you may need a different technique that requires pencil marks. Pencil marks are small numbers, usually written at the top of each unsolved square, which you can use to list all the possible values for that square. In the eighth column, there are few unsolved squares remaining, so mark in all the pencil marks for this column (Fig. 2). The square in the third row has only the 7 pencil mark as a possibility, so you can now solve this square.

Fig. 2

5					3		478	6
	7				6	9	5	
	4		8				(7) 7	
7	2		5		9	6	48	
				2			4789	
		5	3		8		2	1
					2		1	
	6	4	1				3	
1			7				6	9

Remember, every Su Doku has one unique solution, which can always be found by logic, not guesswork.

All Su Doku puzzles are provided by sudokusolver.com, where you can find details on more complex solving techniques and even generate your own puzzles.

Puzzles

1

4	1	5	3	7	9	2	8	6
6	2	3	5	1	8	7	4	9
8	9	7	6	4	2	5	3	1
7	4	2	1	3	6	9	5	8
5	3	9	4	8	7	6	1	2
1	8	6	9	2	5	3	7	4
9	6	1	7	5	4	8	2	3
2	5	4	8	9	3	1	6	7
3	7	8	2	6	1	4	9	5

2579

2

6		3	4		9		8	
							7	3
2				1		9		
5			9		6			8
		8				7		
4			8		1			5
		4		6				9
8	2							
	9		5		3	6		4

1	3	6	2	4	8	9	5	7
2	7	8	6	5	9	4	3	1
5	9	4	3	7	1	6	8	2
7	1	3	4	6	2	8	9	5
4	2	9	7	8	5	1	6	3
8	6	5	9	1	3	2	7	4
3	5	1	8	2	6	7	4	9
9	8	7	1	3	4	5	2	6
6	4	2	5	9	7	3	1	8

4

					1	5	6	2
	2				9			4
		6				8		7
				7			4	6
			1		8			
2	3			5				
3		4				6		
6			4				5	
8	9	1	5					

1 3 5 78

5

5	7	3	1	9	6	2	8	4
6	1	9	4	8	2	7	5	3
2	8	4	7	5	3	9	6	1
1	5	7	6	3	9	4	2	8
8	3	2	5	4	1	6	7	9
9	4	3	2	7	8	1	3	5
3	6	8	9	2	4	5	1	7
7	9	1	8	6	5	3	4	2
4	2	5	3	1	7	8	9	6

Guru

6

	5	2	6					
				9	8			4
		6				1		3
	4			2				5
	6		7		3		9	
8				5			1	
3		9				2		
6			3	4				
					2	8	3	

3	1	9	4	6	2	7	5	8
2	8	5	9	3	7	4	1	6
4	7	6	5	1	8	3	2	9
9	6	1	2	7	5	8	4	3
8	2	4	1	9	3	6	7	5
5	3	7	6	8	4	1	9	2
6	5	8	7	4	9	2	3	1
1	4	2	3	5	6	9	8	7
7	9	3	8	2	1	5	6	4

8

					7			
				1		6		
6	7		5		8		4	
4		5				9	6	8
		1				4		
3	8	9				5		7
	1		2		3		8	6
		7		6				
			7					

7			6	8	3			4
6	9			2			7	8
			9		7			
		6				4		
	2			6			9	
		3				8		
			8		1			
3	5			7			8	2
1			3	9	2			7

5		2						4
	6			2			8	
			5		3			7
		3	4		1	8		
	9						1	
		6	2		7	5		
7			8		5			
	2			7			5	
6						7		3

	8		5			1		
					7			6
4		5			2	3		
	9	8		7				1
			8		6			
7				5		2	3	
		6	9			7		4
5			7					
		7			8		9	

8		6			9			
	5			3		8		
		3	5					4
		7		5			9	
			3		4			
	8			2		5		
4					1	9		
		5		6			4	
			8			1		6

2			8				6	9
3					4	8		
	9	5		2		4		
	3			4				2
		7	2		9	6		
4				1			5	
		3		6		2	4	
		9	4					6
6	4				3			7

	3		1					
1								7
		5	8	7				2
		6			1	9		5
7		1	4		6	3		8
5		3	7			6		
6				2	4	5		
3								6
					9		8	

	7	1	3				6	
8					2	1		7
	2							5
	4		1		5			9
				3				
5			2		7		1	
3							9	
1		8	7					6
	9				3	5	2	

	2				3			4
	1	4		9	7	5		
	8			5				
3	4				1			
8			5		4			6
			3				8	5
				4			9	
		7	9	1		8	5	
9			7				4	

5				9	1			
			2					
			5	7	3	2		
	8	5				9		2
2		4		6		7		5
9		7				3	1	
		8	9	3	5			
					6			
			1	4				6

2		3						8
	4		8		6	9		
	8						1	3
		2		8				1
			6		1			
1				2		7		
8	6						4	
		7	9		5		8	
5						1		9

19

						6	8	
						1		9
		6	1	9	3		7	4
				6	9	2		8
			3		1			
7		5	8	4				
8	5		2	1	6	7		
6		3						
	7	2						

Guru

				8	2			6
			3		5	8	9	
		7	4				3	
	9	5					7	3
6								9
3	7					5	1	
	3				4	1		
	8	4	6		3			
5			7	2				

	7					2	3	
8					3			6
4			6	2				
	6		2		5	4		
		7				6		
		2	4		1		8	
				5	6			9
2			1					4
	3	6					1	

	6	9	2		1	3	5	
1								8
			9	7	3			
	1						4	
5			8		2			6
	8						3	
			6	3	9			
9								3
	7	6	4		8	1	2	

23

	4		1	2				
				9			3	
	9		3			1		
4					5		6	3
1			6		8			9
8	7		2					5
		4			1		9	
	8			5				
				7	3		2	

	3				2	8		
			5	6				4
2		6				7		
4			6		9		1	
	6			3			9	
	2		4		1			5
		9				1		2
3				8	7			
		7	1				8	

2			1					8
	1			2			4	
				8	4			
		7	2		6			3
	3	4				1	6	
1			4		9	8		
			8	6				
	2			5			7	
7					2			1

	9				5	2		
	7	8	2				4	1
5				7			9	
9							6	
		7		8		3		
	2							5
	4			2				8
2	3				7	1	5	
		1	9				3	

					3	1	9	
8						4		
5	3	4			1	6		
7		9	5		6			
			4		7	9		3
		3	2			5	4	1
		5						6
	8	2	6					

			2		9	3		4
2		4	1					
3		9						
4							8	7
			6		8			
1	6							2
						1		6
					4	2		8
8		2	5		3			

	7			4	9		5	
5	8						9	7
		2		8		4		
1				5				
3		9	7		1	5		8
				2				9
		1		7		6		
8	3						7	1
	6		2	1			8	

6			5		8			1
		3				4		
	9				7		8	
2		9		5				8
			4		9			
5				8		7		6
	8		6				5	
		5				3		
9			2		5			7

				9	1		8	
2					4	9		
	9	8	5	2		1		
5	4					8		
8		9				3		6
		1					2	7
		4		6	3	7	9	
		6	9					2
	3		4	7				

Guru

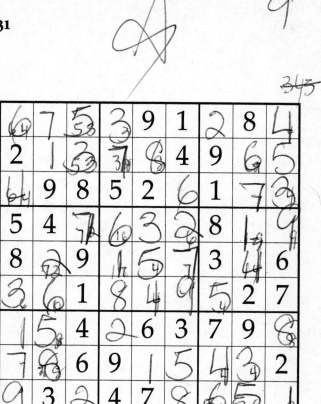

				3		9		
	4	3			2		1	
2			1				5	
	9		2		1	8		
6								2
		1	8		6		4	
	6				5			7
	3		7			5	9	
		7		1				

		2	4		5	1		
	5	6					4	
7					6		2	8
3		8		6				1
			7		8			
9				2		8		5
2	1		6					3
	3					6	8	
		9	3		7	2		

34

2			8	7	9			3
	5			2			1	
9			1		3			6
	3						9	
		1				2		
	8						3	
3			7		1			4
	7			9			5	
1			2	8	5			7

2			1			7	4	3
	4		8					2
		1						8
3	8		4	6				
			3		5			
				9	8		3	5
9						5		
4					1		8	
8	1	7			6			9

	5		8	2				
2		8	3					
	6				9			
7	1					9		
3				7				2
		2					6	8
			9				1	
					1	2		9
				8	6		7	

	2			8			6	
	9			5			3	
		4	1		7	8		
5								3
	8	2	5		3	9	7	
1								4
		8	3		2	6		
	6			7			4	
	1			6			2	

	3	4	8	5		1		
	7				4		8	3
1								4
	8			4				2
4			6		3			5
6				9			1	
8								7
7	4		9				3	
		2		7	1	8	5	

Su Doku

		7	4	2				
	1			7		2	9	
	3				9			1
		9						8
3	7			6			4	9
2						5		
5			2				3	
	9	3		4			6	
				9	6	4		

	3		7		2		9	
2	4						7	5
				3	8			
9		7						1
		6		8		5		
5						7		6
			8	2				
8	9						1	4
	5		6		4		8	

6	1						9	4
4		9				2		6
	5						3	
	4		1		2		5	
			4	3	9			
	8		7		6		4	
	7						6	
5		8				9		3
3	9						1	2

		4				9	2	
6				4	2			
5			6					7
	1		8		5	7		
	5			2			9	
		7	4		3		8	
7					6			9
			5	3				4
	8	3				1		

3		9		7		1		
	2			5				
								6
	4				7			9
		5	1		6	3		
7			3				2	
1								
				6			8	
		6		3		9		5

44

4	3	9	2					5
	5		3				2	6
					7			8
		6					9	1
5	2					8		
1			4					
2	6				3		5	
8					1	2	6	9

3		6	2			7	8	4
2			3			6		
9	4				6			3
		4					3	5
5	7					1		
4			9				1	2
		2			1			8
1	5	8			2	4		9

4		9		2		8		1
	2						9	
3		7				4		6
2			4		6			5
				7				
9			1		2			8
5		3				1		4
	4						6	
7		6		9		3		2

Su Doku

47

6			9				8	2
5			8	4				
					3			
		6		9			1	7
	9		2		8		4	
4	8			7		6		
			7					
				3	6			1
9	3				5			6

Guru

5	8							4
		9	3	5				8
		6				5	3	
			6		8		1	
	1			3			2	
	3		2		1			
	4	7				2		
3				1	9	8		
8							7	3

Su Doku

	8	6		9		3	7	
4				3				6
			4		7			
		8				2		
3	4			1			8	9
		7				4		
			6		3			
8				5				7
	6	1		7		9	5	

50

8	6	9	2	7	3	4	1	5
5	4	3	9	8	6	2	7	6
4	7	2	6	1	5	3	8	9
4	5	8	7	3	7	6	9	2
3	2	7	4	6	9	8	5	1
6	9	1	5	2	8	7	3	4
2	3	5	7	4	7	9	6	8
1	8	4	3	9	6	5	2	7
7	9	6	8	5	2	1	4	3

469

5			6	2	9			
				4				3
1				7			9	5
		2					8	
8	7						3	9
	1					7		
3	6			9				1
4				6				
			4	3	5			8

		7	6				8	1
								5
8	2							9
		6	8	3			7	
		3				9		
	9			2	7	6		
6							3	2
5								
9	3				2	5		

6	3						1	4
7	4		1		6		5	2
	5			7			9	
			8		5			
	8			3			7	
1	6		4		9		3	8
4	7						2	1

		7	5					
	3		8			5	7	
9			2			8	6	
2	9	3			8			
			6			1	9	3
	4	6			7			5
	8	2			1		3	
					2	6		

	7			8				
	5			1	9		3	6
		3	6			5		
	1					2		
3	9			5			4	8
		8					9	
		1			5	7		
5	4		8	2			6	
				7			5	

9		1		6				4
		6	1					
				7	2		3	1
		8					5	
4		3				7		2
	9					1		
3	6		2	9				
					7	9		
8				5		2		6

	2	9		3	5	6		
5	3							
8			6					2
		2		5				9
9			8		3			1
3				1		8		
7					1			3
							7	6
		3	7	4		1	9	

			6		1	4		9
							5	
			4	8	6			3
9			8			2		5
		4		1		8		
8		7			3			6
6		2	3	7				
	7							
3		1	5		6			

	7			1			6	
1					3			8
			8		9			
	1	2		8		3		
6			2		1			4
		4		9		7	2	
			1		8			
4			6					2
	8			7			1	

9					5	7	2	8
4				7	2			
3			6					
1	4					8		
	3			2			4	
		5					3	9
				9				3
		8	1					2
5	6	1	2					7

4		7	3			9		
				5			4	7
		8	4			1		
8								1
			6	1	5			
5								4
		2			1	6		
1	9			8				
		6			3	8		9

						6		
	3	8			6	4	7	
7	6			3			2	
	5			2				
		2	7		9	8		
				4			6	
	2			5			8	1
	4	3	8			5	9	
		6						

			7		8			
3				4			9	
	6	4					5	
		6			7	8		
	3		5		6		4	
		9	2			3		
	5					9	7	
	4			7				2
			9		5			

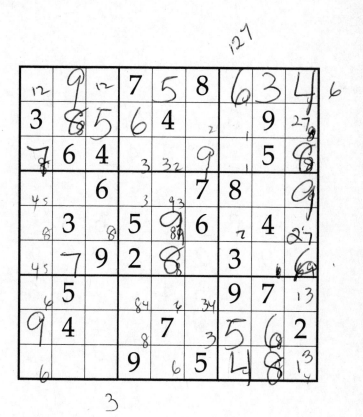

		4	7					
		8		2	9			
9	7			8	4			
6					1	3	9	
	1	3				6	8	
	9	5	2					7
			5	4			1	6
			9	1		4		
				6	8			

9	8	4	3		5			
		3	2					
6		2	1	7				3
2							9	1
4	3							5
8				9	4	1		6
					2	7		
			6		1	9	8	2

68

7		9		1			8	
	8		7				6	5
1		3				7		
	9		8		2			
6				7				8
			6		1		5	
		7				2		6
3	4				5		7	
	2			6		5		4

		3		4				
	5			2	9		6	
7			1	5				
	3					4	9	
		7				5		
	6	8					7	
				6	2			4
	9		7	1			2	
				9		6		

			3			6		9
					4	2	8	
							3	
7	6		9	8				
3		1	5		2	9		7
				4	1		6	3
	4							
	3	5	6					
2		8			5			

5	1				4	8	2	
	2	8			9	3		
				1				
	7		4		2			
	9	5		3		4	6	
			1		5		3	
				2				
		3	9			2	5	
	6	2	5				7	3

72

			8			4		
4		3			5			
		1	6	4		8		2
3					7		8	
		4	5		6	2		
	6		2					3
1		9		5	8	3		
			3			9		7
		5			9			

73

4		8		2	6			
	2		8	1				
9						1		
	5			8				6
6	7		4		3		1	5
8				5			4	
		6						3
				7	2		5	
			3	6		9		1

Guru

5				7				
	4		2				5	
		1	9		3	4		2
3						9		
		6		8		5		
		4						7
4		9	8		6	3		
	1				2		4	
			3					1

		5				6		
		9	7	1				
4				8	6		1	5
		3					2	
	2	6				8	4	
	7					3		
1	5		6	2				4
				7	1	5		
		7				2		

2						4		6
	6		5		4		9	
		4			8			3
	5			2		9	8	
			1		5			
	3	9		4			2	
9			3			1		
	1		9		6		4	
3		7						9

	6	3			2	5	7	
1					6	9		3
4	2							1
6	7		1		9			
			4		7		6	8
2							1	7
7		6	9					5
	3	1	2			8	9	

9	6		3					1
2	8		7		6			9
		5		9				
			5		3		1	
		3				6		
	9		8		7			
				8		2		
8			2		9		5	3
7					1		9	8

8					1	6	7	3
5	1		2			8		
		6						2
	4				9	2		
				1				
		7	3				9	
6						9		
		1			7		2	5
7	2	4	8					1

9						6		8
	8				5		9	
6		4			9	5		
	1	7		4				
			2		8			
				3		9	4	
		5	6			3		9
	4		3				5	
8		3						2

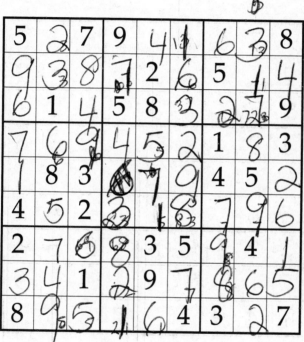

81

5		7	9					8
				2		5		
	1		5	8				9
						1		3
	8	3				4	5	
4		2						
2				3	5		4	
		1		9				
8					4	3		7

Guru

	3	8	4		2	6	1	
2								3
	7			3			2	
4	9			5			3	6
5	6			1			8	4
	2			8			6	
7								9
	4	9	1		7	3	5	

			6	8			2	5
						3	9	
					5			
6	7			9	1		5	2
8				4				1
1	4		2	7			8	6
			3					
	9	6						
3	5			1	7			

Guru

5					8		4	3
1								
			2	7	6			
2		8	1		5	7		
		3		8		4		
		5	7		3	2		9
			3	5	7			
								5
8	5		4					7

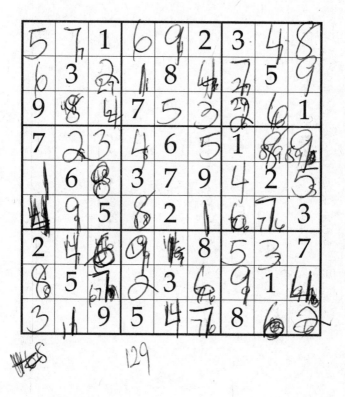

89

		1			2	3		
	3			8			5	
9			7					1
7				6		1		
	6		3	7	9		2	
		5		2				3
2					8			7
	5			3			1	
		9	5			8		

Guru

		2	5			8		7
	1					3		6
3				8	9		1	
7		6	9					1
1					6	2		4
	4		7	9				8
9		1					4	
2		5			8	6		

	4		8				5	
9		6			7			4
				5			2	
	3		7		2			5
		4		9		2		
1			3		5		8	
	2			3				
3			5			1		2
	8				1		9	

	1	7			4			5
8							4	
3		2	5			9		
		4		8	5			6
			4		6			
7			3	9		8		
		8			1	7		2
	2							8
6			8			4	3	

					2		4	
1	9	4					2	
		5	4			3	8	
6			8		5	4		
		8	3		1			2
	4	2			3	8		
	8					2	7	1
	5		2					

	2	8	6				5	
	5		7				6	
				5	9	3		
8			5					
9			3	6	7			1
					8			6
		2	9	3				
	9				6		7	
	8				2	4	9	

Su Doku

8		7			5			
	5	4			8			
6	3			4				
			1			6		
	4	5		9		1	7	
		6			7			
				7			1	4
			6			3	2	
			2			8		7

96

6					2			7
				7		8		
	7	5	1			4		
5			2		1	7		
	3			5			6	
		7	8		6			1
		2			4	6	7	
		1		9				
4			7					8

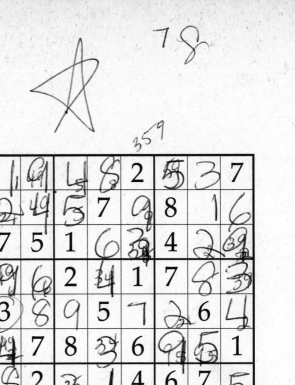

97

	2	7		1	3		4	
			2		5			
	3	8				5		2
	6		5					
7		2				1		6
					2		7	
4		5				9	1	
			7		1			
	1		4	5		8	2	

Guru

					1			6
2	3		7				1	
	1	4			8		9	
1		8	6	5				
7	9						5	1
				9	7	8		3
	8		3			1	2	
	6				5		8	7
9			8					

6	2	5	8	1	4	7	3	9
7	9	3	6	2	5	8	1	4
8	4	1	3	7	9	5	2	6
3	1	4	7	6	2	9	5	8
5	7	2	9	4	8	1	6	3
9	6	8	1	5	3	4	7	2
1	8	6	2	9	7	3	4	5
4	3	7	5	8	6	2	9	1
2	5	9	4	3	1	6	8	7

100

6			3	5				4
	9			6				
		8			2			
7				9	1	5		
1	8		2		5		4	7
		3	8	7				1
			1			9		
				2			1	
2				8	7			5

2			5		9		3	6
1			7		2			
		3		1		2		
3	5						9	8
		8				6		
4	6						1	3
		1		4		3		
			8		3			1
8	3		1		5			2

		5		6	7		2	
4			5					
				2	3			4
6		8					9	
2		9		4		7		1
	3					4		6
3			2	8				
					6			3
	9		7	3		2		

103

2		4				1		9
		1				4		
8				9				5
			9		8			
9		3	4		7	8		1
			3		2			
7				4				6
		8				9		
1		5				3		8

			4		2			
				8		4		6
		3		6		7		
3				4		9		5
	7		8		5		6	
5		2		7				3
		4		1		5		
6		1		5				
			3		8			

7	1					2		8
		2			1			3
5					9			
	6		1	4		3	7	
	4	1		2	5		8	
			8					7
8			3			5		
1		4					2	9

		5	7		8		1	4
			4		2			
	1							
8		6		4		7		5
7		3		8		6		1
							6	
			9		4			
2	7		5		3	9		

		2	3					
3	5				1			
	1	7					2	9
2		8						3
4		1	8		3	6		2
6						8		4
1	2					5	6	
			5				3	8
					7	2		

		6	8		2	1		
		4	9	1	7	8		
	7		2		5		4	
	8						2	
	9		6		1		8	
		8	7	2	6	4		
		5	1		9	6		

	2		6		3		7	1
		4					2	
6		1			4	8		
			9		2	7		
				6				
		2	1		5			
		3	8			1		7
	1					5		
5	8		2		9		3	

9		3		8		7		1
	4		9		1			
8								9
1		4		9		6		
			1		4			
		9		5		3		4
2								8
			5		2		3	
5		1		3		9		6

	8				7	2	9	
9		3	8	5				
		7			6			
	6		9	8				
		2				3		
				2	1		4	
			7			1		
				4	5	9		8
	4	8	1				6	

112

				9				
	8		7					9
5					2	8		6
		6		4		7	2	
		4				3		
	3	2		5		6		
2		7	1					5
1					9		3	
				7				

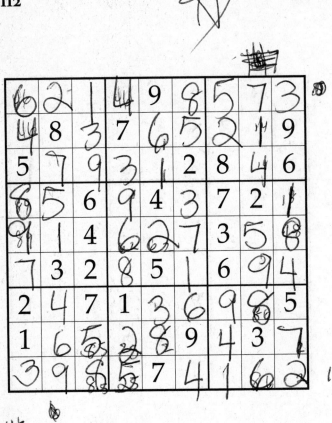

259

3	6	9	7	2	5	4	1	8
8	5	7	6	4	1	2	9	3
1	2	4	9	3	8	7	6	5
6	7	5	8	9	3	1	2	4
2	1	3	4	5	6	9	8	7
9	4	8	2	1	7	5	3	6
4	3	2	5	6	9	8	7	1
7	9	6	1	8	4	3	5	2
5	8	1	3	7	2	6	4	9

114

8	9	4	5	7	1	3	6	2
2	5	6	3	4	9	8		
1	7	3	2	6	8	4	5	9
6	8	7	4	1	3	2	9	5
9	1	2	7	8	5	6	3	4
3	4	5	6	9	2	1	78	78
5	3	1	9	2	6	7	4	
4	2	9	8	3	7	5		
7	6	8	1	5	4	9	2	3

248

34

		1					4	
2			7		6	8		
	9		1					7
	7		2		1	3	9	
				3				
	4	8	9		5		7	
5					9		6	
		6	5		2			9
	1					7		

6		1					7	
			9	7	8	2		
2					1			4
4			7	8				
		2				3		
				9	2			5
8			6					3
		3	1	4	7			
	2					6		7

				5		9	1	7
	8		1					
	5		9					6
	1	2	8					
8	6						7	5
					9	2	8	
5					6		2	
					1		3	
7	3	1		4				

		4					5	8
	7		4		2			9
2				3				
	6		2		9		8	
		5				9		
	3		8		1		4	
				7				6
9			1		6		3	
6	8					1		

	6	7			5			
9	1						6	
4					6	7		
			2		4	1		3
8		1	9		7			
		9	3					2
	2						5	1
			6			8	4	

	5	8	1		3		2	
2							1	
		7	2			8		
						2		
	4		7	2	8		5	
		6						
		3			5	4		
	8							6
	6		8		4	1	9	

	6			5	3		8	2
3				7			1	9
			9					8
2	5		6		1		4	3
1				3				
8	9			1				5
4	1		9	2			3	

			9		3		8	
4								
		7		6	4	2		
5		4	2		6			8
		6				4		
9			8		1	6		7
		9	7	3		8		
								3
	1		6		2			

2	1	4	5	6	7	8	3	9
7	3	8	4	9	2	1	6	5
9	6	5	1	3	8	7	2	4
5	9	2	6	7	1	4	8	3
6	7	1	3	8	4	9	5	2
8	4	3	9	2	5	6	1	7
3	2	6	7	1	9	5	4	8
4	8	7	2	5	6	3	9	1
1	5	9	8	4	3	2	7	6

				1		2		9
		7		4				
			3				1	
	9						3	7
	7	6	1		9	5	4	
5	4						8	
	1				3			
				6		1		
3		8		2				

125

	6	3		2	8		9	
5				1				3
					3			4
9		7						
1	3						6	2
						4		1
6			3					
3				4				6
	2		8	9		3	1	

	6						7	
			8		9			
	8		1		5		2	
7		2				9		3
6	1						5	4
4		9				2		1
	4		6		2		1	
			3		8			
	2						9	

	4						9	
					6	3	4	8
					7	6		1
						8	6	
8		9				5		2
	5	7						
7		2	8					
9	6	1	2					
	8						7	

							9	1
			3	7	8			5
		5		6		3		
	4				1		7	
	5	1		9		4	2	
	6		5				1	
		7		5		6		
6			8	4	7			
5	9							

9				4			2	8
6					8	1		
	7	8		9	2	3		
	9	7						
2		3				4		1
						9	3	
		9	2	6		5	4	
		6	9					2
7	5			1				3

						6	3	8
	7			4	2	9		
				6		2		
				3	6			5
	3	2		9		1	7	
8			7	1				
		9		2				
		5	4	7			1	
7	1	3						

		3	1	9	5			
	1			2				6
2			3					1
9	8					7		
		6		1		9		
		7					6	2
8					1			4
5				7			1	
			5	8	4	6		

	1	5		2			9	
7				1				8
			4		6			7
		4				7		
1	7						5	2
		2				1		
8			5		7			
6				4				5
	5			6		4	8	

		8	5		4	6		
4		9	7		3	1		5
	8			9			6	
1			4		2			8
	4			5			1	
5		4	6		1	8		9
		2	9		5	4		

		1			2	7		
					7	5		3
	7		5				6	
			8	9				2
		6		5		4		
3				7	4			
	8				1		4	
6		5	4					
		4	6			2		

135

3	4		2	8				1
					3	8		2
	9							
	5		4		6			3
7								5
6			5		1		4	
							8	
5		7	6					
4				1	8		5	7

	5	8				7	4	
4		2				1		9
9				1				5
			6		2			
2			7		4			6
			8		1			
5				7				4
8		3				5		2
	4	9				3	7	

				5				4
6	1		9		8			
			7	2		1	9	
7	9							1
2							8	7
	2	7		3	5			
			1		6		2	5
1				7				

9		6			7		3	8
		8			3	5		6
		3		4				
								7
8	9						5	4
7								
				5		6		
5		4	9			2		
6	1		3			7		5

4			8	29	87		3	
3			5?	79	1		4	2
	1	6	3	2	4			
				3	7	2		9
				6		3		
5		3	1	8		4		
	3	4		5		7	9	
2	9		7	4				3
	5			1	3			4

128

267

1	3	5	9	8	4	6	2	7
2	6	9	1	5	7	4	8	3
8	4	7	2	6	3	5	9	1
3	9	6	4	7	5	2	1	8
4	7	1	6	2	8	3	5	9
5	8	2	3	1	9	7	6	4
9	5	8	7	4	2	1	3	6
6	2	4	8	3	1	9	7	5
7	1	3	5	9	6	8	4	2

125   157

167

Su Doku

141

4	8	7	6	9	1	3	5	2
2	3	6	8	5	7	1	4	9
9	1	5	4	3	2	8	7	6
8	9	2	1	4	5	6	3	7
7	5	3	9	2	6	4	8	1
1	6	4	3	7	8	2	9	5
5	2	1	7	8	4	9	6	3
6	4	9	5	1	3	7	2	8
3	7	8	2	6	9	5	1	4

Guru

2 3 4 5 7 8 9

9	3	8	4	1	6	7	2	5
7	6	2	9	3	5	1	8	4
5	1	4	7	8	2	6	3	9
6	8	1	2	5	3	4	4	7
2	7	5	8	4	9	3	1	6
3	4	9	1	6	7	2	5	8
8	2	3	6	9	4	5	7	1
1	9	7	5	2	8	4	6	3
4	5	6	3	7	1	8	9	2

8	4	6	7	9	1	5	2	3
7	1	2	5	4	3	6	9	8
9	3	5	2	6	8	4	7	1
4	7	9	3	2	5	8	1	6
2	5	1	6	8	9	7	3	4
6	8	3	1	7	4	2	5	9
3	6	7	4	1	2	9	8	5
5	2	8	9	3	6	1	4	7
1	9	4	8	5	7	3	6	2

23 5679

144

2	6	3	4	1	8	7	5	9
4	9	1	6	7	5	8	3	2
5	8	7	3	9	2	4	1	6
3	5	2	8	6	9	1	7	4
6	7	4	2	5	1	9	8	3
8	1	9	7	3	4	2	6	5
7	2	6	9	8	3	5	4	1
9	3	5	1	4	7	6	2	8
1	4	8	5	2	6	3	9	7

3	1	2	6	4	9	5	8	7
7	5	9	2	8	1	4	3	6
4	6	8	3	5	7	2	9	1
8	7	3	9	1	5	6	4	2
6	4	5	7	2	3	8	1	9
2	9	1	8	6	4	3	7	5
9	2	7	4	3	6	1	5	8
5	3	6	1	9	8	7	2	4
1	8	4	5	7	2	9	6	3

146

9	4	2	5	8	3	1	7	6
1	3	6	9	2	7	5	8	4
7	8	5	4	6	1	9	2	3
6	1	8	3	5	2	4	9	7
3	7	9	6	4	8	2	1	5
2	5	4	1	7	9	3	6	8
5	6	7	2	9	4	8	3	1
4	9	3	8	1	6	7	5	2
8	2	1	7	3	5	6	4	9

Su Doku

8	1	35	8	6	2	4	7	9
6	2	3	4	9	7	8	1	5
4	7	9	1	8	5	2	6	3
9			6	7	(4)	5	3	2
3	4	6	5	2	8	1	9	7
2	5	7	9	1	3	5	4	8
7	9	4	8	5	6	3	2	1
1	6	8	2	3	9	7	5	4
5	3	2	7	4	1	9	8	6

	6		4					1
4	2			9				
		1	6		5	7		
	9				8			
1				6				3
			2				6	
		9	5		4	3		
				3			9	4
6					7		2	

			2			6		7
7	2		1					
6				9		3		
4			5			8	7	6
				7				
2	7	8			4			5
		2		3				8
					6		4	2
1		6			2			

2	9			1	5		7	
	8						3	4
		4			8			
		2	7				9	
	6				2	8		
			2			7		
9	2						5	
	7		9	8			1	3

Solutions

1

4	1	5	3	7	9	2	8	6
6	2	3	5	1	8	7	4	9
8	9	7	6	4	2	5	3	1
7	4	2	1	3	6	9	5	8
5	3	9	4	8	7	6	1	2
1	8	6	9	2	5	3	7	4
9	6	1	7	5	4	8	2	3
2	5	4	8	9	3	1	6	7
3	7	8	2	6	1	4	9	5

2

6	7	3	4	5	9	1	8	2
1	4	9	6	2	8	5	7	3
2	8	5	3	1	7	9	4	6
5	1	2	9	7	6	4	3	8
9	3	8	2	4	5	7	6	1
4	6	7	8	3	1	2	9	5
3	5	4	7	6	2	8	1	9
8	2	6	1	9	4	3	5	7
7	9	1	5	8	3	6	2	4

3

1	3	6	2	4	8	9	5	7
2	7	8	6	5	9	4	3	1
5	9	4	3	7	1	6	8	2
7	1	3	4	6	2	8	9	5
4	2	9	7	8	5	1	6	3
8	6	5	9	1	3	2	7	4
3	5	1	8	2	6	7	4	9
9	8	7	1	3	4	5	2	6
6	4	2	5	9	7	3	1	8

4

9	8	3	7	4	1	5	6	2
7	2	5	8	6	9	3	1	4
1	4	6	2	3	5	8	9	7
5	1	8	3	7	2	9	4	6
4	6	7	1	9	8	2	3	5
2	3	9	6	5	4	7	8	1
3	5	4	9	1	7	6	2	8
6	7	2	4	8	3	1	5	9
8	9	1	5	2	6	4	7	3

5

5	7	**3**	**1**	9	**6**	2	8	4
6	**1**	9	4	8	2	**7**	**5**	3
2	**8**	4	7	**5**	3	9	6	**1**
1	5	7	6	**3**	9	4	2	**8**
8	3	**2**	5	**4**	**1**	**6**	7	9
9	4	6	2	**7**	8	1	3	**5**
3	6	8	9	**2**	4	5	**1**	7
7	**9**	**1**	8	6	5	3	**4**	2
4	2	5	**3**	1	**7**	**8**	9	6

6

4	**5**	**2**	**6**	3	1	7	8	9
7	3	1	2	**9**	**8**	5	6	**4**
9	8	**6**	5	7	4	**1**	2	**3**
1	**4**	3	8	**2**	9	6	7	**5**
2	**6**	5	**7**	1	**3**	4	**9**	8
8	9	7	4	**5**	6	3	**1**	2
3	7	**9**	1	8	5	**2**	4	6
6	2	8	**3**	**4**	7	9	5	1
5	1	4	9	6	**2**	**8**	**3**	7

7

3	1	9	4	6	2	7	5	8
2	8	5	9	3	7	4	1	6
4	7	6	5	1	8	3	2	9
9	6	1	2	7	5	8	4	3
8	2	4	1	9	3	6	7	5
5	3	7	6	8	4	1	9	2
6	5	8	7	4	9	2	3	1
1	4	2	3	5	6	9	8	7
7	9	3	8	2	1	5	6	4

8

1	9	3	6	4	7	8	2	5
5	4	8	9	1	2	6	7	3
6	7	2	5	3	8	1	4	9
4	2	5	3	7	1	9	6	8
7	6	1	8	9	5	4	3	2
3	8	9	4	2	6	5	1	7
9	1	4	2	5	3	7	8	6
8	3	7	1	6	9	2	5	4
2	5	6	7	8	4	3	9	1

9

7	1	2	6	8	3	9	5	4
6	9	4	1	2	5	3	7	8
8	3	5	9	4	7	2	1	6
5	8	6	7	3	9	4	2	1
4	2	1	5	6	8	7	9	3
9	7	3	2	1	4	8	6	5
2	4	7	8	5	1	6	3	9
3	5	9	4	7	6	1	8	2
1	6	8	3	9	2	5	4	7

10

5	7	2	9	8	6	1	3	4
3	6	1	7	2	4	9	8	5
9	4	8	5	1	3	2	6	7
2	5	3	4	9	1	8	7	6
4	9	7	6	5	8	3	1	2
8	1	6	2	3	7	5	4	9
7	3	9	8	6	5	4	2	1
1	2	4	3	7	9	6	5	8
6	8	5	1	4	2	7	9	3

11

6	8	3	5	9	4	1	7	2
9	1	2	3	8	7	4	5	6
4	7	5	6	1	2	3	8	9
2	9	8	4	7	3	5	6	1
3	5	1	8	2	6	9	4	7
7	6	4	1	5	9	2	3	8
8	2	6	9	3	5	7	1	4
5	4	9	7	6	1	8	2	3
1	3	7	2	4	8	6	9	5

12

8	4	6	7	1	9	3	2	5
7	5	1	4	3	2	8	6	9
2	9	3	5	8	6	7	1	4
6	3	7	1	5	8	4	9	2
5	1	2	3	9	4	6	8	7
9	8	4	6	2	7	5	3	1
4	6	8	2	7	1	9	5	3
1	7	5	9	6	3	2	4	8
3	2	9	8	4	5	1	7	6

13

2	7	4	8	5	1	3	6	9
3	6	1	7	9	4	8	2	5
8	9	5	3	2	6	4	7	1
9	3	6	5	4	8	7	1	2
1	5	7	2	3	9	6	8	4
4	2	8	6	1	7	9	5	3
7	1	3	9	6	5	2	4	8
5	8	9	4	7	2	1	3	6
6	4	2	1	8	3	5	9	7

14

8	3	7	1	6	2	4	5	9
1	6	2	9	4	5	8	3	7
9	4	5	8	7	3	1	6	2
4	8	6	2	3	1	9	7	5
7	9	1	4	5	6	3	2	8
5	2	3	7	9	8	6	1	4
6	7	8	3	2	4	5	9	1
3	1	9	5	8	7	2	4	6
2	5	4	6	1	9	7	8	3

15

4	7	1	3	5	8	9	6	2
8	3	5	6	9	2	1	4	7
9	2	6	4	7	1	3	8	5
6	4	3	1	8	5	2	7	9
2	1	7	9	3	6	8	5	4
5	8	9	2	4	7	6	1	3
3	6	2	5	1	4	7	9	8
1	5	8	7	2	9	4	3	6
7	9	4	8	6	3	5	2	1

16

5	2	9	1	8	3	7	6	4
6	1	4	2	9	7	5	3	8
7	8	3	4	5	6	9	2	1
3	4	5	8	6	1	2	7	9
8	9	2	5	7	4	3	1	6
1	7	6	3	2	9	4	8	5
2	3	8	6	4	5	1	9	7
4	6	7	9	1	2	8	5	3
9	5	1	7	3	8	6	4	2

17

5	3	2	6	9	1	4	7	8
1	7	9	2	8	4	6	5	3
8	4	6	5	7	3	2	9	1
3	8	5	4	1	7	9	6	2
2	1	4	3	6	9	7	8	5
9	6	7	8	5	2	3	1	4
6	2	8	9	3	5	1	4	7
4	5	1	7	2	6	8	3	9
7	9	3	1	4	8	5	2	6

18

2	5	3	1	9	4	6	7	8
7	4	1	8	3	6	9	2	5
9	8	6	2	5	7	4	1	3
6	7	2	4	8	9	3	5	1
4	3	5	6	7	1	8	9	2
1	9	8	5	2	3	7	6	4
8	6	9	3	1	2	5	4	7
3	1	7	9	4	5	2	8	6
5	2	4	7	6	8	1	3	9

19

3	9	1	5	7	4	**6**	**8**	2
5	4	7	6	2	8	**1**	3	**9**
2	8	**6**	**1**	**9**	**3**	5	**7**	**4**
1	3	4	7	**6**	**9**	**2**	5	**8**
9	2	8	**3**	5	**1**	4	6	7
7	6	**5**	**8**	**4**	2	3	9	1
8	**5**	9	**2**	**1**	**6**	**7**	4	3
6	1	**3**	4	8	7	9	2	5
4	**7**	**2**	9	3	5	8	1	6

20

9	4	3	1	**8**	**2**	7	5	**6**
2	1	6	**3**	7	**5**	**8**	**9**	4
8	5	**7**	**4**	6	9	2	**3**	1
4	**9**	**5**	2	1	8	6	**7**	**3**
6	2	1	5	3	7	4	8	**9**
3	**7**	8	9	4	6	**5**	**1**	2
7	**3**	2	8	9	**4**	**1**	6	5
1	**8**	**4**	**6**	5	**3**	9	2	7
5	6	9	**7**	**2**	1	3	4	8

Su Doku

21

6	7	1	5	9	4	2	3	8
8	2	5	7	1	3	9	4	6
4	9	3	6	2	8	1	7	5
3	6	8	2	7	5	4	9	1
1	4	7	3	8	9	6	5	2
9	5	2	4	6	1	7	8	3
7	1	4	8	5	6	3	2	9
2	8	9	1	3	7	5	6	4
5	3	6	9	4	2	8	1	7

22

4	6	9	2	8	1	3	5	7
1	3	7	5	6	4	2	9	8
2	5	8	9	7	3	4	6	1
7	1	2	3	9	6	8	4	5
5	9	3	8	4	2	7	1	6
6	8	4	7	1	5	9	3	2
8	2	1	6	3	9	5	7	4
9	4	5	1	2	7	6	8	3
3	7	6	4	5	8	1	2	9

23

5	4	3	1	2	7	9	8	6
6	1	8	5	9	4	7	3	2
7	9	2	3	8	6	1	5	4
4	2	9	7	1	5	8	6	3
1	3	5	6	4	8	2	7	9
8	7	6	2	3	9	4	1	5
2	5	4	8	6	1	3	9	7
3	8	7	9	5	2	6	4	1
9	6	1	4	7	3	5	2	8

24

5	3	4	7	9	2	8	6	1
7	8	1	5	6	3	9	2	4
2	9	6	8	1	4	7	5	3
4	7	3	6	5	9	2	1	8
1	6	5	2	3	8	4	9	7
9	2	8	4	7	1	6	3	5
8	5	9	3	4	6	1	7	2
3	1	2	9	8	7	5	4	6
6	4	7	1	2	5	3	8	9

25

2	4	6	1	9	5	7	3	8
8	1	9	7	2	3	5	4	6
3	7	5	6	8	4	2	1	9
5	8	7	2	1	6	4	9	3
9	3	4	5	7	8	1	6	2
1	6	2	4	3	9	8	5	7
4	9	1	8	6	7	3	2	5
6	2	8	3	5	1	9	7	4
7	5	3	9	4	2	6	8	1

26

4	9	6	1	3	5	2	8	7
3	7	8	2	6	9	5	4	1
5	1	2	4	7	8	6	9	3
9	5	3	7	1	2	8	6	4
1	6	7	5	8	4	3	2	9
8	2	4	6	9	3	7	1	5
6	4	5	3	2	1	9	7	8
2	3	9	8	4	7	1	5	6
7	8	1	9	5	6	4	3	2

27

6	2	7	8	4	3	1	9	5
8	9	1	7	6	5	4	3	2
5	3	4	9	2	1	6	8	7
7	4	9	5	3	6	2	1	8
3	5	8	1	9	2	7	6	4
2	1	6	4	8	7	9	5	3
9	6	3	2	7	8	5	4	1
4	7	5	3	1	9	8	2	6
1	8	2	6	5	4	3	7	9

28

6	5	1	2	8	9	3	7	4
2	8	4	1	3	7	9	6	5
3	7	9	4	5	6	8	2	1
4	3	5	9	2	1	6	8	7
9	2	7	6	4	8	5	1	3
1	6	8	3	7	5	4	9	2
7	4	3	8	9	2	1	5	6
5	9	6	7	1	4	2	3	8
8	1	2	5	6	3	7	4	9

29

6	7	3	1	4	9	8	5	2
5	8	4	6	3	2	1	9	7
9	1	2	5	8	7	4	3	6
1	2	8	9	5	3	7	6	4
3	4	9	7	6	1	5	2	8
7	5	6	8	2	4	3	1	9
2	9	1	3	7	8	6	4	5
8	3	5	4	9	6	2	7	1
4	6	7	2	1	5	9	8	3

30

6	7	2	5	4	8	9	3	1
8	5	3	9	1	6	4	7	2
4	9	1	3	2	7	6	8	5
2	6	9	7	5	3	1	4	8
7	1	8	4	6	9	5	2	3
5	3	4	1	8	2	7	9	6
3	8	7	6	9	1	2	5	4
1	2	5	8	7	4	3	6	9
9	4	6	2	3	5	8	1	7

31

6	7	5	3	9	1	2	8	4
2	1	3	7	8	4	9	6	5
4	9	8	5	2	6	1	7	3
5	4	7	6	3	2	8	1	9
8	2	9	1	5	7	3	4	6
3	6	1	8	4	9	5	2	7
1	5	4	2	6	3	7	9	8
7	8	6	9	1	5	4	3	2
9	3	2	4	7	8	6	5	1

32

8	1	6	5	3	7	9	2	4
5	4	3	6	9	2	7	1	8
2	7	9	1	8	4	6	5	3
3	9	4	2	7	1	8	6	5
6	8	5	3	4	9	1	7	2
7	2	1	8	5	6	3	4	9
1	6	8	9	2	5	4	3	7
4	3	2	7	6	8	5	9	1
9	5	7	4	1	3	2	8	6

33

8	9	2	4	7	5	1	3	6
1	5	6	8	3	2	7	4	9
7	4	3	9	1	6	5	2	8
3	2	8	5	6	9	4	7	1
5	6	1	7	4	8	3	9	2
9	7	4	1	2	3	8	6	5
2	1	7	6	8	4	9	5	3
4	3	5	2	9	1	6	8	7
6	8	9	3	5	7	2	1	4

34

2	1	6	8	7	9	5	4	3
8	5	3	4	2	6	7	1	9
9	4	7	1	5	3	8	2	6
5	3	2	6	1	7	4	9	8
4	6	1	9	3	8	2	7	5
7	8	9	5	4	2	6	3	1
3	2	5	7	6	1	9	8	4
6	7	8	3	9	4	1	5	2
1	9	4	2	8	5	3	6	7

35

2	6	8	1	5	9	7	4	3
5	4	9	8	7	3	1	6	2
7	3	1	6	4	2	9	5	8
3	8	5	4	6	7	2	9	1
6	9	2	3	1	5	8	7	4
1	7	4	2	9	8	6	3	5
9	2	3	7	8	4	5	1	6
4	5	6	9	2	1	3	8	7
8	1	7	5	3	6	4	2	9

36

1	5	7	8	2	4	3	9	6
2	9	8	3	6	7	4	5	1
4	6	3	5	1	9	8	2	7
7	1	6	2	4	8	9	3	5
3	8	9	6	7	5	1	4	2
5	4	2	1	9	3	7	6	8
8	7	5	9	3	2	6	1	4
6	3	4	7	5	1	2	8	9
9	2	1	4	8	6	5	7	3

37

3	2	7	9	8	4	1	6	5
8	9	1	2	5	6	4	3	7
6	5	4	1	3	7	8	9	2
5	7	9	6	4	8	2	1	3
4	8	2	5	1	3	9	7	6
1	3	6	7	2	9	5	8	4
7	4	8	3	9	2	6	5	1
2	6	5	8	7	1	3	4	9
9	1	3	4	6	5	7	2	8

38

2	3	4	8	5	9	1	7	6
5	7	6	2	1	4	9	8	3
1	9	8	3	6	7	5	2	4
9	8	7	1	4	5	3	6	2
4	2	1	6	8	3	7	9	5
6	5	3	7	9	2	4	1	8
8	1	9	5	3	6	2	4	7
7	4	5	9	2	8	6	3	1
3	6	2	4	7	1	8	5	9

Solutions

39

9	5	7	4	2	1	6	8	3
8	1	6	5	7	3	2	9	4
4	3	2	6	8	9	7	5	1
6	4	9	1	5	7	3	2	8
3	7	5	8	6	2	1	4	9
2	8	1	9	3	4	5	7	6
5	6	4	2	1	8	9	3	7
1	9	3	7	4	5	8	6	2
7	2	8	3	9	6	4	1	5

40

6	3	5	7	4	2	1	9	8
2	4	8	1	6	9	3	7	5
1	7	9	5	3	8	4	6	2
9	2	7	4	5	6	8	3	1
3	1	6	2	8	7	5	4	9
5	8	4	9	1	3	7	2	6
4	6	3	8	2	1	9	5	7
8	9	2	3	7	5	6	1	4
7	5	1	6	9	4	2	8	3

41

6	1	7	3	2	8	5	9	4
4	3	9	5	1	7	2	8	6
8	5	2	9	6	4	7	3	1
9	4	3	1	8	2	6	5	7
7	6	5	4	3	9	1	2	8
2	8	1	7	5	6	3	4	9
1	7	4	2	9	3	8	6	5
5	2	8	6	4	1	9	7	3
3	9	6	8	7	5	4	1	2

42

8	7	4	3	5	1	9	2	6
6	9	1	7	4	2	3	5	8
5	3	2	6	8	9	4	1	7
3	1	6	8	9	5	7	4	2
4	5	8	1	2	7	6	9	3
9	2	7	4	6	3	5	8	1
7	4	5	2	1	6	8	3	9
1	6	9	5	3	8	2	7	4
2	8	3	9	7	4	1	6	5

43

3	6	9	4	7	8	1	5	2
4	2	1	6	5	3	8	9	7
5	8	7	9	1	2	4	3	6
6	4	3	8	2	7	5	1	9
2	9	5	1	4	6	3	7	8
7	1	8	3	9	5	6	2	4
1	5	4	7	8	9	2	6	3
9	3	2	5	6	4	7	8	1
8	7	6	2	3	1	9	4	5

44

4	3	9	2	6	8	7	1	5
7	5	8	3	1	4	9	2	6
6	1	2	5	9	7	4	3	8
3	7	6	8	4	2	5	9	1
9	8	4	1	3	5	6	7	2
5	2	1	6	7	9	8	4	3
1	9	5	4	2	6	3	8	7
2	6	7	9	8	3	1	5	4
8	4	3	7	5	1	2	6	9

45

3	1	6	2	9	5	7	8	4
2	8	5	3	4	7	6	9	1
9	4	7	1	8	6	2	5	3
6	2	4	7	1	9	8	3	5
8	3	1	5	6	4	9	2	7
5	7	9	8	2	3	1	4	6
4	6	3	9	7	8	5	1	2
7	9	2	4	5	1	3	6	8
1	5	8	6	3	2	4	7	9

46

4	6	9	7	2	5	8	3	1
1	2	8	6	4	3	5	9	7
3	5	7	9	1	8	4	2	6
2	3	1	4	8	6	9	7	5
6	8	4	5	7	9	2	1	3
9	7	5	1	3	2	6	4	8
5	9	3	2	6	7	1	8	4
8	4	2	3	5	1	7	6	9
7	1	6	8	9	4	3	5	2

47

6	4	3	9	5	7	1	8	2
5	1	9	8	4	2	7	6	3
2	7	8	6	1	3	9	5	4
3	2	6	5	9	4	8	1	7
7	9	1	2	6	8	3	4	5
4	8	5	3	7	1	6	2	9
1	6	4	7	2	9	5	3	8
8	5	7	4	3	6	2	9	1
9	3	2	1	8	5	4	7	6

48

5	8	3	1	2	6	7	9	4
4	2	9	3	5	7	1	6	8
1	7	6	9	8	4	5	3	2
2	9	4	6	7	8	3	1	5
7	1	8	4	3	5	6	2	9
6	3	5	2	9	1	4	8	7
9	4	7	8	6	3	2	5	1
3	5	2	7	1	9	8	4	6
8	6	1	5	4	2	9	7	3

49

1	8	6	5	9	2	3	7	4
4	7	2	1	3	8	5	9	6
5	9	3	4	6	7	8	1	2
6	1	8	7	4	9	2	3	5
3	4	5	2	1	6	7	8	9
9	2	7	3	8	5	4	6	1
7	5	9	6	2	3	1	4	8
8	3	4	9	5	1	6	2	7
2	6	1	8	7	4	9	5	3

50

8	6	9	2	7	3	4	1	5
5	1	3	9	8	4	2	7	6
4	7	2	6	1	5	3	8	9
6	5	4	1	3	8	7	9	2
3	2	7	4	6	9	8	5	1
9	8	1	5	2	7	6	3	4
2	3	5	7	4	1	9	6	8
1	4	8	3	9	6	5	2	7
7	9	6	8	5	2	1	4	3

51

5	3	7	6	2	9	8	1	4
2	8	9	5	4	1	6	7	3
1	4	6	8	7	3	2	9	5
9	5	2	3	1	7	4	8	6
8	7	4	2	5	6	1	3	9
6	1	3	9	8	4	7	5	2
3	6	8	7	9	2	5	4	1
4	9	5	1	6	8	3	2	7
7	2	1	4	3	5	9	6	8

52

3	4	7	6	9	5	2	8	1
1	6	9	2	7	8	3	4	5
8	2	5	4	1	3	7	6	9
2	5	6	8	3	9	1	7	4
7	1	3	5	4	6	9	2	8
4	9	8	1	2	7	6	5	3
6	7	1	9	5	4	8	3	2
5	8	2	3	6	1	4	9	7
9	3	4	7	8	2	5	1	6

53

6	3	2	7	5	8	9	1	4
7	4	8	1	9	6	3	5	2
5	9	1	3	4	2	6	8	7
3	5	4	2	7	1	8	9	6
9	1	7	8	6	5	2	4	3
2	8	6	9	3	4	1	7	5
8	2	3	5	1	7	4	6	9
1	6	5	4	2	9	7	3	8
4	7	9	6	8	3	5	2	1

54

8	2	7	5	1	6	3	4	9
6	3	1	8	9	4	5	7	2
9	5	4	2	7	3	8	6	1
2	9	3	1	4	8	7	5	6
1	6	5	7	3	9	4	2	8
4	7	8	6	2	5	1	9	3
3	4	6	9	8	7	2	1	5
5	8	2	4	6	1	9	3	7
7	1	9	3	5	2	6	8	4

55

1	7	6	5	8	3	9	2	4
2	5	4	7	1	9	8	3	6
9	8	3	6	4	2	5	1	7
4	1	5	9	6	8	2	7	3
3	9	2	1	5	7	6	4	8
7	6	8	2	3	4	1	9	5
6	3	1	4	9	5	7	8	2
5	4	7	8	2	1	3	6	9
8	2	9	3	7	6	4	5	1

56

9	7	1	5	6	3	8	2	4
2	3	6	1	8	4	5	9	7
5	8	4	9	7	2	6	3	1
7	1	8	4	2	6	3	5	9
4	5	3	8	1	9	7	6	2
6	9	2	7	3	5	1	4	8
3	6	7	2	9	8	4	1	5
1	2	5	6	4	7	9	8	3
8	4	9	3	5	1	2	7	6

57

4	2	9	1	3	5	6	8	7
5	3	6	2	7	8	9	1	4
8	1	7	6	9	4	3	5	2
1	8	2	4	5	6	7	3	9
9	7	5	8	2	3	4	6	1
3	6	4	9	1	7	8	2	5
7	9	8	5	6	1	2	4	3
2	4	1	3	8	9	5	7	6
6	5	3	7	4	2	1	9	8

58

7	3	8	6	5	1	4	2	9
4	2	6	7	3	9	1	5	8
1	9	5	2	4	8	6	7	3
9	1	3	8	6	7	2	4	5
2	6	4	9	1	5	8	3	7
8	5	7	4	2	3	9	1	6
6	8	2	3	7	4	5	9	1
5	7	9	1	8	2	3	6	4
3	4	1	5	9	6	7	8	2

59

3	7	8	5	1	4	2	6	9
1	6	9	7	2	3	5	4	8
2	4	5	8	6	9	1	3	7
9	1	2	4	8	7	3	5	6
6	3	7	2	5	1	9	8	4
8	5	4	3	9	6	7	2	1
7	2	3	1	4	8	6	9	5
4	9	1	6	3	5	8	7	2
5	8	6	9	7	2	4	1	3

60

9	1	6	3	4	5	7	2	8
4	5	8	1	7	2	3	9	6
3	2	7	6	9	8	5	1	4
1	4	2	9	6	3	8	7	5
8	3	9	5	2	7	6	4	1
6	7	5	4	8	1	2	3	9
2	8	4	7	5	9	1	6	3
7	9	3	8	1	6	4	5	2
5	6	1	2	3	4	9	8	7

61

4	1	7	3	6	2	9	5	8
6	3	9	1	5	8	2	4	7
2	5	8	4	9	7	1	3	6
8	6	3	2	7	4	5	9	1
9	7	4	6	1	5	3	8	2
5	2	1	8	3	9	7	6	4
3	8	2	9	4	1	6	7	5
1	9	5	7	8	6	4	2	3
7	4	6	5	2	3	8	1	9

62

4	9	5	2	8	7	6	1	3
2	3	8	9	1	6	4	7	5
7	6	1	4	3	5	9	2	8
6	5	4	1	2	8	7	3	9
3	1	2	7	6	9	8	5	4
8	7	9	5	4	3	1	6	2
9	2	7	6	5	4	3	8	1
1	4	3	8	7	2	5	9	6
5	8	6	3	9	1	2	4	7

63

2	9	1	7	5	8	6	3	4
3	8	5	6	4	2	1	9	7
7	6	4	1	3	9	2	5	8
4	1	6	3	9	7	8	2	5
8	3	2	5	1	6	7	4	9
5	7	9	2	8	4	3	1	6
6	5	8	4	2	3	9	7	1
9	4	3	8	7	1	5	6	2
1	2	7	9	6	5	4	8	3

64

1	6	4	7	3	5	9	2	8
3	5	8	1	2	9	7	6	4
9	7	2	6	8	4	5	3	1
6	4	7	8	5	1	3	9	2
2	1	3	4	9	7	6	8	5
8	9	5	2	6	3	1	4	7
7	3	9	5	4	8	2	1	6
5	8	6	9	1	2	4	7	3
4	2	1	3	7	6	8	5	9

65

4	7	3	6	8	5	1	9	2
8	2	9	7	3	1	5	6	4
1	5	6	4	2	9	7	3	8
9	8	4	1	5	7	6	2	3
7	6	2	3	4	8	9	5	1
3	1	5	9	6	2	4	8	7
2	9	7	5	1	3	8	4	6
5	4	8	2	7	6	3	1	9
6	3	1	8	9	4	2	7	5

66

6	1	7	2	9	3	4	8	5
2	4	3	7	8	5	9	1	6
9	8	5	4	1	6	3	2	7
5	2	6	8	4	1	7	9	3
7	3	1	5	6	9	2	4	8
8	9	4	3	2	7	6	5	1
3	7	2	1	5	4	8	6	9
4	5	9	6	7	8	1	3	2
1	6	8	9	3	2	5	7	4

67

9	**8**	**4**	**3**	6	**5**	2	1	7
7	1	**3**	**2**	4	8	5	6	9
6	5	**2**	**1**	**7**	9	8	4	**3**
2	7	6	5	8	3	4	**9**	**1**
5	9	1	4	2	6	3	7	8
4	**3**	8	9	1	7	6	2	**5**
8	2	5	7	**9**	**4**	**1**	3	**6**
1	6	9	8	3	**2**	**7**	5	4
3	4	7	**6**	5	**1**	**9**	**8**	**2**

68

7	5	**9**	4	**1**	6	3	**8**	2
2	**8**	4	**7**	9	3	1	**6**	**5**
1	6	**3**	2	5	8	**7**	4	9
4	**9**	5	**8**	3	**2**	6	1	7
6	3	1	5	**7**	9	4	2	**8**
8	7	2	**6**	4	**1**	9	**5**	3
5	1	**7**	3	8	4	**2**	9	**6**
3	**4**	6	9	2	**5**	8	**7**	1
9	**2**	8	1	**6**	7	**5**	3	**4**

69

6	1	**3**	8	**4**	7	2	5	9
8	**5**	4	3	**2**	9	7	**6**	1
7	2	9	**1**	**5**	6	8	4	3
1	**3**	2	6	7	5	**4**	**9**	8
9	4	**7**	2	8	1	**5**	3	6
5	**6**	**8**	9	3	4	1	**7**	2
3	7	1	5	**6**	**2**	9	8	**4**
4	**9**	6	**7**	**1**	8	3	**2**	5
2	8	5	4	**9**	3	**6**	1	7

70

4	1	2	**3**	5	8	**6**	7	**9**
6	9	3	1	7	**4**	**2**	**8**	5
8	5	7	2	9	6	1	**3**	4
7	**6**	4	**9**	**8**	3	5	2	1
3	8	**1**	**5**	6	**2**	9	4	**7**
5	2	9	7	**4**	**1**	8	**6**	**3**
1	**4**	6	8	3	9	7	5	2
9	**3**	**5**	**6**	2	7	4	1	8
2	7	**8**	4	1	**5**	3	9	6

71

5	1	9	3	7	4	8	2	6
4	2	8	6	5	9	3	1	7
6	3	7	2	1	8	5	9	4
3	7	6	4	9	2	1	8	5
1	9	5	8	3	7	4	6	2
2	8	4	1	6	5	7	3	9
9	5	1	7	2	3	6	4	8
7	4	3	9	8	6	2	5	1
8	6	2	5	4	1	9	7	3

72

2	9	6	8	7	1	4	3	5
4	8	3	9	2	5	7	6	1
5	7	1	6	4	3	8	9	2
3	5	2	1	9	7	6	8	4
8	1	4	5	3	6	2	7	9
9	6	7	2	8	4	5	1	3
1	2	9	7	5	8	3	4	6
6	4	8	3	1	2	9	5	7
7	3	5	4	6	9	1	2	8

73

4	1	**8**	7	**2**	**6**	5	3	9
5	**2**	3	**8**	**1**	9	4	6	7
9	6	7	5	3	4	**1**	2	8
1	**5**	4	2	**8**	7	3	9	**6**
6	**7**	2	**4**	9	**3**	8	**1**	**5**
8	3	9	6	**5**	1	7	**4**	2
7	9	**6**	1	4	5	2	8	**3**
3	8	1	9	**7**	**2**	6	**5**	4
2	4	5	**3**	**6**	8	**9**	7	**1**

74

5	3	2	4	**7**	8	1	6	9
9	**4**	8	**2**	6	1	7	**5**	3
6	7	**1**	**9**	5	**3**	**4**	8	**2**
3	8	7	1	4	5	**9**	2	6
2	9	**6**	3	**8**	7	**5**	1	4
1	5	**4**	6	2	9	8	3	**7**
4	2	**9**	**8**	1	**6**	**3**	7	5
7	**1**	3	5	9	**2**	6	**4**	8
8	6	5	7	**3**	4	2	9	**1**

75

7	1	5	3	4	2	6	9	8
6	8	9	7	1	5	4	3	2
4	3	2	9	8	6	7	1	5
9	4	3	5	6	8	1	2	7
5	2	6	1	3	7	8	4	9
8	7	1	2	9	4	3	5	6
1	5	8	6	2	3	9	7	4
2	9	4	8	7	1	5	6	3
3	6	7	4	5	9	2	8	1

76

2	8	5	7	3	9	4	1	6
7	6	3	5	1	4	2	9	8
1	9	4	2	6	8	7	5	3
4	5	1	6	2	3	9	8	7
8	7	2	1	9	5	6	3	4
6	3	9	8	4	7	5	2	1
9	4	6	3	8	2	1	7	5
5	1	8	9	7	6	3	4	2
3	2	7	4	5	1	8	6	9

77

9	6	3	8	1	2	5	7	4
1	5	8	7	4	6	9	2	3
4	2	7	3	9	5	6	8	1
6	7	5	1	8	9	4	3	2
8	1	4	6	2	3	7	5	9
3	9	2	4	5	7	1	6	8
2	4	9	5	6	8	3	1	7
7	8	6	9	3	1	2	4	5
5	3	1	2	7	4	8	9	6

78

9	6	7	3	5	2	8	4	1
2	8	1	7	4	6	5	3	9
4	3	5	1	9	8	7	6	2
6	7	8	5	2	3	9	1	4
5	2	3	9	1	4	6	8	7
1	9	4	8	6	7	3	2	5
3	1	9	4	8	5	2	7	6
8	4	6	2	7	9	1	5	3
7	5	2	6	3	1	4	9	8

79

8	9	2	5	4	1	6	7	3
5	1	3	2	7	6	8	4	9
4	7	6	9	8	3	5	1	2
1	4	8	7	5	9	2	3	6
3	6	9	4	1	2	7	5	8
2	5	7	3	6	8	1	9	4
6	3	5	1	2	4	9	8	7
9	8	1	6	3	7	4	2	5
7	2	4	8	9	5	3	6	1

80

9	5	1	4	7	3	6	2	8
3	8	2	1	6	5	7	9	4
6	7	4	8	2	9	5	3	1
5	1	7	9	4	6	2	8	3
4	3	9	2	5	8	1	7	6
2	6	8	7	3	1	9	4	5
7	2	5	6	8	4	3	1	9
1	4	6	3	9	2	8	5	7
8	9	3	5	1	7	4	6	2

81

5	2	7	9	4	1	6	3	8
9	3	8	7	2	6	5	1	4
6	1	4	5	8	3	2	7	9
7	6	9	4	5	2	1	8	3
1	8	3	6	7	9	4	5	2
4	5	2	3	1	8	7	9	6
2	7	6	8	3	5	9	4	1
3	4	1	2	9	7	8	6	5
8	9	5	1	6	4	3	2	7

82

9	3	8	4	7	2	6	1	5
2	5	1	8	9	6	4	7	3
6	7	4	5	3	1	9	2	8
4	9	7	2	5	8	1	3	6
1	8	2	6	4	3	5	9	7
5	6	3	7	1	9	2	8	4
3	2	5	9	8	4	7	6	1
7	1	6	3	2	5	8	4	9
8	4	9	1	6	7	3	5	2

83

9	1	3	4	2	8	6	5	7
4	5	2	9	7	6	8	3	1
7	8	6	3	5	1	2	4	9
6	7	5	2	3	4	9	1	8
3	4	9	1	8	7	5	6	2
1	2	8	5	6	9	4	7	3
8	6	1	7	4	2	3	9	5
2	3	7	6	9	5	1	8	4
5	9	4	8	1	3	7	2	6

84

4	6	9	1	5	3	2	8	7
3	1	2	4	8	7	9	5	6
8	7	5	6	2	9	3	4	1
6	4	7	3	1	8	5	9	2
5	8	1	2	9	6	7	3	4
2	9	3	5	7	4	1	6	8
1	5	8	9	6	2	4	7	3
9	3	6	7	4	1	8	2	5
7	2	4	8	3	5	6	1	9

85

7	8	**5**	9	4	1	**6**	2	3
9	**3**	1	6	8	**2**	5	4	7
6	4	**2**	7	**5**	**3**	8	1	**9**
4	5	3	1	**2**	7	**9**	**8**	6
2	9	**7**	**5**	6	**8**	**1**	3	4
8	**1**	**6**	3	9	4	2	7	5
5	2	8	**4**	**3**	6	**7**	9	**1**
1	6	4	**8**	7	9	3	**5**	2
3	7	**9**	2	1	5	**4**	6	8

86

3	1	2	7	**5**	**6**	9	**4**	8
5	**7**	8	**9**	2	4	1	**6**	3
9	4	**6**	**8**	3	1	**2**	7	5
2	5	7	6	4	**9**	**3**	**8**	1
1	8	3	5	7	2	6	9	**4**
4	**6**	**9**	**1**	8	**3**	7	5	**2**
6	3	**5**	4	1	**7**	**8**	2	9
7	**2**	4	3	9	**8**	5	**1**	**6**
8	**9**	1	**2**	**6**	5	4	3	7

87

4	3	7	6	8	9	1	2	5
5	6	1	7	2	4	3	9	8
9	8	2	1	3	5	6	4	7
6	7	3	8	9	1	4	5	2
8	2	9	5	4	6	7	3	1
1	4	5	2	7	3	9	8	6
2	1	4	3	6	8	5	7	9
7	9	6	4	5	2	8	1	3
3	5	8	9	1	7	2	6	4

88

5	2	7	9	1	8	6	4	3
1	8	6	5	3	4	9	7	2
4	3	9	2	7	6	5	1	8
2	4	8	1	9	5	7	3	6
7	9	3	6	8	2	4	5	1
6	1	5	7	4	3	2	8	9
9	6	1	3	5	7	8	2	4
3	7	4	8	2	9	1	6	5
8	5	2	4	6	1	3	9	7

89

5	8	1	6	9	2	3	7	4
6	3	7	1	8	4	2	5	9
9	4	2	7	5	3	6	8	1
7	2	3	4	6	5	1	9	8
1	6	8	3	7	9	4	2	5
4	9	5	8	2	1	7	6	3
2	1	6	9	4	8	5	3	7
8	5	4	2	3	7	9	1	6
3	7	9	5	1	6	8	4	2

90

4	6	2	5	3	1	8	9	7
8	1	9	4	7	2	3	5	6
3	5	7	6	8	9	4	1	2
7	3	6	9	2	4	5	8	1
5	2	4	8	1	7	9	6	3
1	9	8	3	5	6	2	7	4
6	4	3	7	9	5	1	2	8
9	8	1	2	6	3	7	4	5
2	7	5	1	4	8	6	3	9

91

2	4	3	8	6	9	7	5	1
9	5	6	1	2	7	8	3	4
7	1	8	4	5	3	6	2	9
8	3	9	7	1	2	4	6	5
5	7	4	6	9	8	2	1	3
1	6	2	3	4	5	9	8	7
6	2	1	9	3	4	5	7	8
3	9	7	5	8	6	1	4	2
4	8	5	2	7	1	3	9	6

92

9	1	7	2	3	4	6	8	5
8	5	6	9	1	7	2	4	3
3	4	2	5	6	8	9	1	7
2	9	4	1	8	5	3	7	6
5	8	3	4	7	6	1	2	9
7	6	1	3	9	2	8	5	4
4	3	8	6	5	1	7	9	2
1	2	9	7	4	3	5	6	8
6	7	5	8	2	9	4	3	1

93

8	3	7	6	5	2	1	4	9
1	9	4	7	3	8	5	2	6
2	6	5	4	1	9	3	8	7
6	2	9	8	7	5	4	1	3
4	1	3	9	2	6	7	5	8
5	7	8	3	4	1	9	6	2
7	4	2	1	6	3	8	9	5
3	8	6	5	9	4	2	7	1
9	5	1	2	8	7	6	3	4

94

7	2	8	6	1	3	9	5	4
3	5	9	7	8	4	1	6	2
1	6	4	2	5	9	3	8	7
8	3	6	5	2	1	7	4	9
9	4	5	3	6	7	8	2	1
2	1	7	4	9	8	5	3	6
4	7	2	9	3	5	6	1	8
5	9	1	8	4	6	2	7	3
6	8	3	1	7	2	4	9	5

95

8	1	7	3	2	5	4	9	6
9	5	4	7	6	8	2	3	1
6	3	2	9	4	1	7	5	8
7	8	9	1	5	2	6	4	3
3	4	5	8	9	6	1	7	2
1	2	6	4	3	7	5	8	9
2	6	8	5	7	3	9	1	4
4	7	1	6	8	9	3	2	5
5	9	3	2	1	4	8	6	7

96

6	1	9	4	8	2	5	3	7
3	2	4	5	7	9	8	1	6
8	7	5	1	6	3	4	2	9
5	9	6	2	4	1	7	8	3
1	3	8	9	5	7	2	6	4
2	4	7	8	3	6	9	5	1
9	8	2	3	1	4	6	7	5
7	5	1	6	9	8	3	4	2
4	6	3	7	2	5	1	9	8

97

5	2	7	9	1	3	6	4	8
9	4	6	2	8	5	7	3	1
1	3	8	6	7	4	5	9	2
3	6	1	5	9	7	2	8	4
7	9	2	3	4	8	1	5	6
8	5	4	1	6	2	3	7	9
4	7	5	8	2	6	9	1	3
2	8	9	7	3	1	4	6	5
6	1	3	4	5	9	8	2	7

98

8	7	5	9	2	1	4	3	6
2	3	9	7	4	6	5	1	8
6	1	4	5	3	8	7	9	2
1	4	8	6	5	3	2	7	9
7	9	3	2	8	4	6	5	1
5	2	6	1	9	7	8	4	3
4	8	7	3	6	9	1	2	5
3	6	2	4	1	5	9	8	7
9	5	1	8	7	2	3	6	4

99

6	2	5	8	1	4	7	3	9
7	9	3	6	2	5	8	1	4
8	4	1	3	7	9	5	2	6
3	1	4	7	6	2	9	5	8
5	7	2	9	4	8	1	6	3
9	6	8	1	5	3	4	7	2
1	8	6	2	9	7	3	4	5
4	3	7	5	8	6	2	9	1
2	5	9	4	3	1	6	8	7

100

6	2	1	3	5	9	8	7	4
3	9	7	4	6	8	1	5	2
4	5	8	7	1	2	3	6	9
7	4	2	6	9	1	5	8	3
1	8	9	2	3	5	6	4	7
5	6	3	8	7	4	2	9	1
8	7	5	1	4	3	9	2	6
9	3	4	5	2	6	7	1	8
2	1	6	9	8	7	4	3	5

101

2	7	4	5	8	9	1	3	6
1	9	6	7	3	2	8	5	4
5	8	3	4	1	6	2	7	9
3	5	2	6	7	1	4	9	8
9	1	8	3	5	4	6	2	7
4	6	7	2	9	8	5	1	3
6	2	1	9	4	7	3	8	5
7	4	5	8	2	3	9	6	1
8	3	9	1	6	5	7	4	2

102

1	8	5	4	6	7	3	2	9
4	2	3	5	1	9	6	7	8
9	6	7	8	2	3	1	5	4
6	4	8	3	7	1	5	9	2
2	5	9	6	4	8	7	3	1
7	3	1	9	5	2	4	8	6
3	1	4	2	8	5	9	6	7
5	7	2	1	9	6	8	4	3
8	9	6	7	3	4	2	1	5

103

2	5	4	7	3	6	1	8	9
3	9	1	2	8	5	4	6	7
8	7	6	1	9	4	2	3	5
4	1	2	9	6	8	7	5	3
9	6	3	4	5	7	8	2	1
5	8	7	3	1	2	6	9	4
7	2	9	8	4	3	5	1	6
6	3	8	5	7	1	9	4	2
1	4	5	6	2	9	3	7	8

104

7	8	6	4	9	2	3	5	1
1	9	5	7	8	3	4	2	6
2	4	3	5	6	1	7	9	8
3	1	8	2	4	6	9	7	5
4	7	9	8	3	5	1	6	2
5	6	2	1	7	9	8	4	3
8	2	4	6	1	7	5	3	9
6	3	1	9	5	4	2	8	7
9	5	7	3	2	8	6	1	4

105

7	1	6	4	5	3	2	9	8
4	9	2	6	8	1	7	5	3
5	8	3	2	7	9	6	1	4
9	6	5	1	4	8	3	7	2
2	7	8	9	3	6	1	4	5
3	4	1	7	2	5	9	8	6
6	5	9	8	1	2	4	3	7
8	2	7	3	9	4	5	6	1
1	3	4	5	6	7	8	2	9

106

6	3	5	7	9	8	2	1	4
9	8	7	4	1	2	3	5	6
4	1	2	3	5	6	8	7	9
8	2	6	1	4	9	7	3	5
1	5	9	6	3	7	4	8	2
7	4	3	2	8	5	6	9	1
3	9	4	8	2	1	5	6	7
5	6	8	9	7	4	1	2	3
2	7	1	5	6	3	9	4	8

107

9	6	2	3	7	8	4	1	5
3	5	4	2	9	1	7	8	6
8	1	7	4	6	5	3	2	9
2	9	8	7	4	6	1	5	3
4	7	1	8	5	3	6	9	2
6	3	5	1	2	9	8	7	4
1	2	3	9	8	4	5	6	7
7	4	6	5	1	2	9	3	8
5	8	9	6	3	7	2	4	1

108

9	5	6	8	4	2	1	3	7
3	2	4	9	1	7	8	6	5
8	1	7	5	6	3	2	9	4
6	7	3	2	8	5	9	4	1
5	8	1	3	9	4	7	2	6
4	9	2	6	7	1	5	8	3
7	6	9	4	5	8	3	1	2
1	3	8	7	2	6	4	5	9
2	4	5	1	3	9	6	7	8

109

8	2	5	6	9	3	4	7	1
7	9	4	5	8	1	3	2	6
6	3	1	7	2	4	8	5	9
1	5	8	9	4	2	7	6	3
4	7	9	3	6	8	2	1	5
3	6	2	1	7	5	9	4	8
2	4	3	8	5	6	1	9	7
9	1	6	4	3	7	5	8	2
5	8	7	2	1	9	6	3	4

110

9	2	3	6	8	5	7	4	1
6	4	7	9	2	1	5	8	3
8	1	5	3	4	7	2	6	9
1	5	4	8	9	3	6	7	2
3	6	2	1	7	4	8	9	5
7	8	9	2	5	6	3	1	4
2	3	6	7	1	9	4	5	8
4	9	8	5	6	2	1	3	7
5	7	1	4	3	8	9	2	6

111

5	8	6	4	1	7	2	9	3
9	1	3	8	5	2	4	7	6
4	2	7	3	9	6	8	5	1
7	6	4	9	8	3	5	1	2
1	5	2	6	7	4	3	8	9
8	3	9	5	2	1	6	4	7
3	9	5	7	6	8	1	2	4
6	7	1	2	4	5	9	3	8
2	4	8	1	3	9	7	6	5

112

6	2	1	4	9	8	5	7	3
4	8	3	7	6	5	2	1	9
5	7	9	3	1	2	8	4	6
8	5	6	9	4	3	7	2	1
9	1	4	6	2	7	3	5	8
7	3	2	8	5	1	6	9	4
2	4	7	1	3	6	9	8	5
1	6	5	2	8	9	4	3	7
3	9	8	5	7	4	1	6	2

113

3	6	9	7	2	5	4	1	8
8	5	7	6	4	1	2	9	3
1	2	4	9	3	8	7	6	5
6	7	5	8	9	3	1	2	4
2	1	3	4	5	6	9	8	7
9	4	8	2	1	7	5	3	6
4	3	2	5	6	9	8	7	1
7	9	6	1	8	4	3	5	2
5	8	1	3	7	2	6	4	9

114

8	9	4	5	7	1	3	6	2
2	5	6	3	4	9	8	7	1
1	7	3	2	6	8	4	5	9
6	8	7	4	1	3	2	9	5
9	1	2	7	8	5	6	3	4
3	4	5	6	9	2	1	8	7
5	3	1	9	2	6	7	4	8
4	2	9	8	3	7	5	1	6
7	6	8	1	5	4	9	2	3

115

7	6	1	3	2	8	9	4	5
2	5	4	7	9	6	8	1	3
8	9	3	1	5	4	6	2	7
6	7	5	2	8	1	3	9	4
1	2	9	4	3	7	5	8	6
3	4	8	9	6	5	2	7	1
5	3	7	8	1	9	4	6	2
4	8	6	5	7	2	1	3	9
9	1	2	6	4	3	7	5	8

116

6	9	1	2	3	4	5	7	8
3	4	5	9	7	8	2	6	1
2	7	8	5	6	1	9	3	4
4	3	9	7	8	5	1	2	6
7	5	2	4	1	6	3	8	9
1	8	6	3	9	2	7	4	5
8	1	7	6	2	9	4	5	3
5	6	3	1	4	7	8	9	2
9	2	4	8	5	3	6	1	7

Su Doku

117

6	2	3	4	**5**	8	**9**	**1**	7
9	**8**	4	**1**	6	7	3	5	2
1	**5**	7	**9**	2	3	8	4	**6**
3	**1**	**2**	**8**	7	5	4	6	9
8	**6**	9	2	3	4	1	**7**	**5**
4	7	5	6	1	**9**	**2**	**8**	3
5	4	8	3	9	**6**	7	**2**	1
2	9	6	7	8	**1**	5	**3**	4
7	**3**	**1**	5	**4**	2	6	9	8

118

3	9	**4**	6	1	7	2	**5**	8
5	**7**	6	**4**	8	**2**	3	1	**9**
2	1	8	9	**3**	5	6	7	4
4	**6**	1	**2**	5	9	7	**8**	3
8	2	**5**	7	4	3	**9**	6	1
7	**3**	9	**8**	6	**1**	5	**4**	2
1	5	2	3	**7**	8	4	9	**6**
9	4	7	**1**	2	**6**	8	**3**	5
6	**8**	3	5	9	4	**1**	2	7

119

3	6	7	8	2	5	9	1	4
9	1	8	4	7	3	2	6	5
4	5	2	1	9	6	7	3	8
7	9	5	2	6	4	1	8	3
2	3	6	5	1	8	4	9	7
8	4	1	9	3	7	5	2	6
5	8	9	3	4	1	6	7	2
6	2	4	7	8	9	3	5	1
1	7	3	6	5	2	8	4	9

120

6	5	8	1	4	3	9	2	7
2	9	4	6	8	7	3	1	5
1	3	7	2	5	9	8	6	4
8	7	5	4	9	6	2	3	1
3	4	1	7	2	8	6	5	9
9	2	6	5	3	1	7	4	8
7	1	3	9	6	5	4	8	2
4	8	9	3	1	2	5	7	6
5	6	2	8	7	4	1	9	3

121

9	6	1	4	5	3	7	8	2
3	4	5	2	7	8	6	1	9
7	2	8	1	6	9	3	5	4
6	3	4	5	9	2	1	7	8
2	5	7	6	8	1	9	4	3
1	8	9	7	3	4	5	2	6
5	7	3	8	4	6	2	9	1
8	9	2	3	1	7	4	6	5
4	1	6	9	2	5	8	3	7

122

6	5	2	9	7	3	1	8	4
4	3	1	5	2	8	9	7	6
8	9	7	1	6	4	2	3	5
5	7	4	2	9	6	3	1	8
1	8	6	3	5	7	4	9	2
9	2	3	8	4	1	6	5	7
2	4	9	7	3	5	8	6	1
7	6	8	4	1	9	5	2	3
3	1	5	6	8	2	7	4	9

123

2	1	4	5	6	7	8	3	9
7	3	8	4	9	2	1	6	5
9	6	5	1	3	8	7	2	4
5	9	2	6	7	1	4	8	3
6	7	1	3	8	4	9	5	2
8	4	3	9	2	5	6	1	7
3	2	6	7	1	9	5	4	8
4	8	7	2	5	6	3	9	1
1	5	9	8	4	3	2	7	6

124

4	3	5	6	1	8	2	7	9
1	8	7	9	4	2	3	6	5
9	6	2	3	5	7	8	1	4
2	9	1	4	8	5	6	3	7
8	7	6	1	3	9	5	4	2
5	4	3	2	7	6	9	8	1
6	1	4	5	9	3	7	2	8
7	2	9	8	6	4	1	5	3
3	5	8	7	2	1	4	9	6

125

4	6	3	5	2	8	1	9	7
5	7	2	4	1	9	6	8	3
8	9	1	6	7	3	2	5	4
9	4	7	2	6	1	5	3	8
1	3	5	7	8	4	9	6	2
2	8	6	9	3	5	4	7	1
6	1	8	3	5	2	7	4	9
3	5	9	1	4	7	8	2	6
7	2	4	8	9	6	3	1	5

126

5	6	1	2	3	4	8	7	9
2	7	4	8	6	9	1	3	5
9	8	3	1	7	5	4	2	6
7	5	2	4	1	6	9	8	3
6	1	8	9	2	3	7	5	4
4	3	9	5	8	7	2	6	1
8	4	5	6	9	2	3	1	7
1	9	7	3	5	8	6	4	2
3	2	6	7	4	1	5	9	8

127

2	4	6	1	3	8	7	9	5
1	7	5	9	2	6	3	4	8
3	9	8	4	5	7	6	2	1
4	2	3	5	9	1	8	6	7
8	1	9	7	6	4	5	3	2
6	5	7	3	8	2	9	1	4
7	3	2	8	4	9	1	5	6
9	6	1	2	7	5	4	8	3
5	8	4	6	1	3	2	7	9

128

8	3	6	4	2	5	7	9	1
4	1	9	3	7	8	2	6	5
2	7	5	1	6	9	3	8	4
9	4	8	2	3	1	5	7	6
3	5	1	7	9	6	4	2	8
7	6	2	5	8	4	9	1	3
1	8	7	9	5	3	6	4	2
6	2	3	8	4	7	1	5	9
5	9	4	6	1	2	8	3	7

129

9	3	1	6	4	5	7	2	8
6	2	4	3	7	8	1	5	9
5	7	8	1	9	2	3	6	4
1	9	7	4	3	6	2	8	5
2	6	3	5	8	9	4	7	1
4	8	5	7	2	1	9	3	6
8	1	9	2	6	3	5	4	7
3	4	6	9	5	7	8	1	2
7	5	2	8	1	4	6	9	3

130

9	2	4	1	5	7	6	3	8
6	7	8	3	4	2	9	5	1
3	5	1	9	6	8	2	4	7
1	9	7	2	3	6	4	8	5
5	3	2	8	9	4	1	7	6
8	4	6	7	1	5	3	9	2
4	8	9	5	2	1	7	6	3
2	6	5	4	7	3	8	1	9
7	1	3	6	8	9	5	2	4

131

6	4	3	1	9	5	8	2	7
7	1	5	4	2	8	3	9	6
2	9	8	3	6	7	4	5	1
9	8	1	6	5	2	7	4	3
4	2	6	7	1	3	9	8	5
3	5	7	8	4	9	1	6	2
8	6	9	2	3	1	5	7	4
5	3	4	9	7	6	2	1	8
1	7	2	5	8	4	6	3	9

132

4	1	5	7	2	8	3	9	6
7	2	6	9	1	3	5	4	8
3	9	8	4	5	6	2	1	7
5	6	4	2	8	1	7	3	9
1	7	3	6	9	4	8	5	2
9	8	2	3	7	5	1	6	4
8	4	9	5	3	7	6	2	1
6	3	1	8	4	2	9	7	5
2	5	7	1	6	9	4	8	3

133

3	7	8	5	1	4	6	9	2
4	2	9	7	6	3	1	8	5
6	5	1	2	8	9	7	4	3
2	8	5	1	9	7	3	6	4
1	6	7	4	3	2	9	5	8
9	4	3	8	5	6	2	1	7
7	9	6	3	4	8	5	2	1
5	3	4	6	2	1	8	7	9
8	1	2	9	7	5	4	3	6

134

5	9	1	3	6	2	7	8	4
4	6	8	9	1	7	5	2	3
2	7	3	5	4	8	9	6	1
1	4	7	8	9	6	3	5	2
8	2	6	1	5	3	4	9	7
3	5	9	2	7	4	8	1	6
9	8	2	7	3	1	6	4	5
6	3	5	4	2	9	1	7	8
7	1	4	6	8	5	2	3	9

135

3	4	6	2	8	5	9	7	1
1	7	5	9	4	3	8	6	2
8	9	2	1	6	7	5	3	4
9	5	8	4	7	6	1	2	3
7	1	4	8	3	2	6	9	5
6	2	3	5	9	1	7	4	8
2	3	1	7	5	9	4	8	6
5	8	7	6	2	4	3	1	9
4	6	9	3	1	8	2	5	7

136

1	5	8	2	6	9	7	4	3
4	3	2	5	8	7	1	6	9
9	6	7	4	1	3	2	8	5
7	8	4	6	3	2	9	5	1
2	1	5	7	9	4	8	3	6
3	9	6	8	5	1	4	2	7
5	2	1	3	7	8	6	9	4
8	7	3	9	4	6	5	1	2
6	4	9	1	2	5	3	7	8

Su Doku

137

9	7	2	6	5	1	8	3	4
6	1	3	9	4	8	5	7	2
5	8	4	7	2	3	1	9	6
7	9	8	3	6	2	4	5	1
4	5	1	8	9	7	2	6	3
2	3	6	5	1	4	9	8	7
8	2	7	4	3	5	6	1	9
3	4	9	1	8	6	7	2	5
1	6	5	2	7	9	3	4	8

138

9	2	6	5	1	7	4	3	8
4	7	8	2	9	3	5	1	6
1	5	3	6	4	8	9	7	2
3	4	5	8	2	9	1	6	7
8	9	2	7	6	1	3	5	4
7	6	1	4	3	5	8	2	9
2	8	7	1	5	4	6	9	3
5	3	4	9	7	6	2	8	1
6	1	9	3	8	2	7	4	5

139

4	7	2	8	9	5	1	3	6
3	8	5	6	7	1	9	4	2
9	1	6	3	2	4	8	7	5
1	6	8	4	3	7	2	5	9
7	4	9	5	6	2	3	1	8
5	2	3	1	8	9	4	6	7
6	3	4	2	5	8	7	9	1
2	9	1	7	4	6	5	8	3
8	5	7	9	1	3	6	2	4

140

1	3	5	9	8	4	6	2	7
2	6	9	1	5	7	4	8	3
8	4	7	2	6	3	5	9	1
3	9	6	4	7	5	2	1	8
4	7	1	6	2	8	3	5	9
5	8	2	3	1	9	7	6	4
9	5	8	7	4	2	1	3	6
6	2	4	8	3	1	9	7	5
7	1	3	5	9	6	8	4	2

141

4	8	7	6	9	1	3	5	2
2	3	6	8	5	7	1	4	9
9	1	5	4	3	2	8	7	6
8	9	2	1	4	5	6	3	7
7	5	3	9	2	6	4	8	1
1	6	4	3	7	8	2	9	5
5	2	1	7	8	4	9	6	3
6	4	9	5	1	3	7	2	8
3	7	8	2	6	9	5	1	4

142

9	3	8	4	1	6	7	2	5
7	6	2	9	3	5	1	8	4
5	1	4	7	8	2	6	3	9
6	8	1	2	5	3	9	4	7
2	7	5	8	4	9	3	1	6
3	4	9	1	6	7	2	5	8
8	2	3	6	9	4	5	7	1
1	9	7	5	2	8	4	6	3
4	5	6	3	7	1	8	9	2

143

8	4	6	7	9	1	5	2	3
7	1	2	5	4	3	6	9	8
9	3	5	2	6	8	4	7	1
4	7	9	3	2	5	8	1	6
2	5	1	6	8	9	7	3	4
6	8	3	1	7	4	2	5	9
3	6	7	4	1	2	9	8	5
5	2	8	9	3	6	1	4	7
1	9	4	8	5	7	3	6	2

144

2	6	3	4	1	8	7	5	9
4	9	1	6	7	5	8	3	2
5	8	7	3	9	2	4	1	6
3	5	2	8	6	9	1	7	4
6	7	4	2	5	1	9	8	3
8	1	9	7	3	4	2	6	5
7	2	6	9	8	3	5	4	1
9	3	5	1	4	7	6	2	8
1	4	8	5	2	6	3	9	7

145

3	1	2	6	4	9	5	8	7
7	5	9	2	8	1	4	3	6
4	6	8	3	5	7	2	9	1
8	7	3	9	1	5	6	4	2
6	4	5	7	2	3	8	1	9
2	9	1	8	6	4	3	7	5
9	2	7	4	3	6	1	5	8
5	3	6	1	9	8	7	2	4
1	8	4	5	7	2	9	6	3

146

9	4	2	5	8	3	1	7	6
1	3	6	9	2	7	5	8	4
7	8	5	4	6	1	9	2	3
6	1	8	3	5	2	4	9	7
3	7	9	6	4	8	2	1	5
2	5	4	1	7	9	3	6	8
5	6	7	2	9	4	8	3	1
4	9	3	8	1	6	7	5	2
8	2	1	7	3	5	6	4	9

147

8	1	5	3	6	2	4	7	9
6	2	3	4	9	7	8	1	5
4	7	9	1	8	5	2	6	3
9	8	1	6	7	4	5	3	2
3	4	6	5	2	8	1	9	7
2	5	7	9	1	3	6	4	8
7	9	4	8	5	6	3	2	1
1	6	8	2	3	9	7	5	4
5	3	2	7	4	1	9	8	6

148

5	6	8	4	7	2	9	3	1
4	2	7	1	9	3	6	8	5
9	3	1	6	8	5	7	4	2
2	9	6	3	5	8	4	1	7
1	8	4	7	6	9	2	5	3
3	7	5	2	4	1	8	6	9
8	1	9	5	2	4	3	7	6
7	5	2	8	3	6	1	9	4
6	4	3	9	1	7	5	2	8

149

8	1	9	2	4	3	6	5	7
7	2	3	1	6	5	4	8	9
6	5	4	8	9	7	3	2	1
4	3	1	5	2	9	8	7	6
9	6	5	3	7	8	2	1	4
2	7	8	6	1	4	9	3	5
5	9	2	4	3	1	7	6	8
3	8	7	9	5	6	1	4	2
1	4	6	7	8	2	5	9	3

150

2	9	3	4	1	5	6	7	8
5	8	7	6	2	9	1	3	4
6	1	4	3	7	8	9	2	5
8	4	2	7	6	3	5	9	1
7	5	9	8	4	1	3	6	2
3	6	1	5	9	2	8	4	7
1	3	6	2	5	4	7	8	9
9	2	8	1	3	7	4	5	6
4	7	5	9	8	6	2	1	3

The Su Doku in this book are provided by:

SUDOKUSOLVER.COM

Generate and solve your Su Doku for free.

SUDOKU   GODOKU   SAMURAI SUDOKU   SUPER SUDOKU   KILLER SUDOKU

Sign up for your own account with the following features:

- ▸ create your own exclusive Su Doku, Samurai Su Doku and Killer Su Doku puzzles
- ▸ solve and generate; then print or email any Su Doku puzzle
- ▸ solve popular puzzles instantly without entering any numbers
- ▸ view simple explanations of common and advanced Su Doku solving techniques
- ▸ free entry to win prizes with our Su Doku competitions

Enjoy playing Su Doku more at sudokusolver.com!